cbj ist der Kinder- und Jugendbuchverlag
in der Verlagsgruppe Random House

www.cbj-verlag.de

Umwelthinweis:
Dieses Buch wurde auf chlorfrei gebleichtem Papier gedruckt.

Gesetzt nach den Regeln der Rechtschreibreform

1. Auflage 2004

Die Originalausgabe erschien 2003 unter dem Titel »Le grand livre-jeu de l'histoire.
Égypte, Gaule, Moyen Âge« bei Père Castor Flammarion, Paris
Übersetzung: Christine Gallus
Umschlagbild: Béatrice Veillon
Umschlagkonzeption: Atelier Langenfass, Ismaning
kb · Herstellung: Ina Hochbach
Satz: Uhl + Massopust, Aalen
Druck: P.P.O. Graphic, Pantin, Frankreich
ISBN 3-570-12886-5
Printed in France

Jean Petit · Cécile Marais

DER GROSSE WIMMEL-SUCHSPASS

Entdeckungsreise durch die Geschichte

In Ägypten

In Gallien

Im Mittelalter

Aus dem Französischen von Christine Gallus

Illustrationen von Béatrice Veillon

cbj

Vor 5000 Jahren entstand eine faszinierende Zivilisation in Ägypten. In dem Land in Nordafrika fließt der längste Fluss der Erde: der Nil. An seinem fruchtbaren Ufer ließen sich Bauern nieder. Die Bewohner begannen zu handeln und die ersten Städte entstanden.

Das Reich der Pharaonen hat über 3000 Jahre existiert. Pyramiden, Tempel und archäologische Ausgrabungen erzählen uns von dieser außergewöhnlichen Zeit.
Wusstest du zum Beispiel, dass ein englischer Archäologe 1922 das Grab von Tutanchamun entdeckt hat? Die gut erhaltene Grabstätte ist eine wertvolle Informationsquelle über das alte Ägypten.

In Ägypten

DER NIL

Der Nil ist der längste Fluss der Erde! Er fließt durch ganz Ägypten und mündet ins Mittelmeer. Im alten Ägypten, dem Land der Pharaonen, fahren viele Schiffe auf dem Nil. Sie sind das Haupttransportmittel.

Auf einem der Schiffe wird ein Obelisk transportiert. Drei Ruderboote müssen die schwere Ladung ziehen! Sind auf jedem Boot gleich viele Ruderer?

Auf dem Nil wimmelt es nur so von Booten! Zwei Segelboote sehen fast gleich aus, aber es gibt einen winzigen Unterschied. Findest du ihn? Welche beiden Boote sehen genau gleich aus?

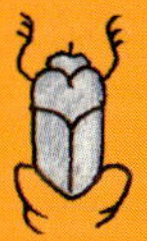

Die Fischer freuen sich: In ihrem Netz zappeln viele Fische! Aber sie haben auch einen merkwürdigen Gegenstand aus dem Fluss gefischt. Erkennst du ihn?

Wo ist das Boot ohne Segel mit drei Tieren und zwei Ruderern an Bord?

Suche:
das Krokodil mit der Ente im Maul,
alle Enten, die paarweise schwimmen,
den Ruderer, der ins Wasser gefallen ist,
die Frau, die Seerosen pflückt,
und das Totenboot, das eine Mumie transportiert.

Auf dem Bild ist auch ein ägyptischer Gott versteckt. Es ist Thot, der Gott der Schreiber. Findest du ihn?

DER NIL

Auf dem Nil ist ganz schön was los! Große und kleine Boote, Segel- und Ruderboote drängen sich auf dem Fluss. Sie transportieren Passagiere und Waren.

Im Nil leben viele Fische. Die Fischer benutzen verschiedene Geräte zum Fischfang: Harpunen, Netze oder Körbe, die man Reusen nennt.

Im Wasser gibt es jede Menge Nilpferde. Die Männer fangen sie mit einem Lasso! Dann töten sie die Tiere mit der Lanze. Dabei muss man schnell und geschickt sein.

Die großen Boote sind aus Holz. Man kann damit schwere Gegenstände wie Statuen oder Steinblöcke für den Bau der Pyramiden transportieren.

Die Fischerboote sind meistens aus geflochtenem Papyrus oder Schilf.

Die Ägypter jagen Enten mit einem Wurfholz. Es sieht aus wie ein Bumerang.

AUF DEN FELDERN

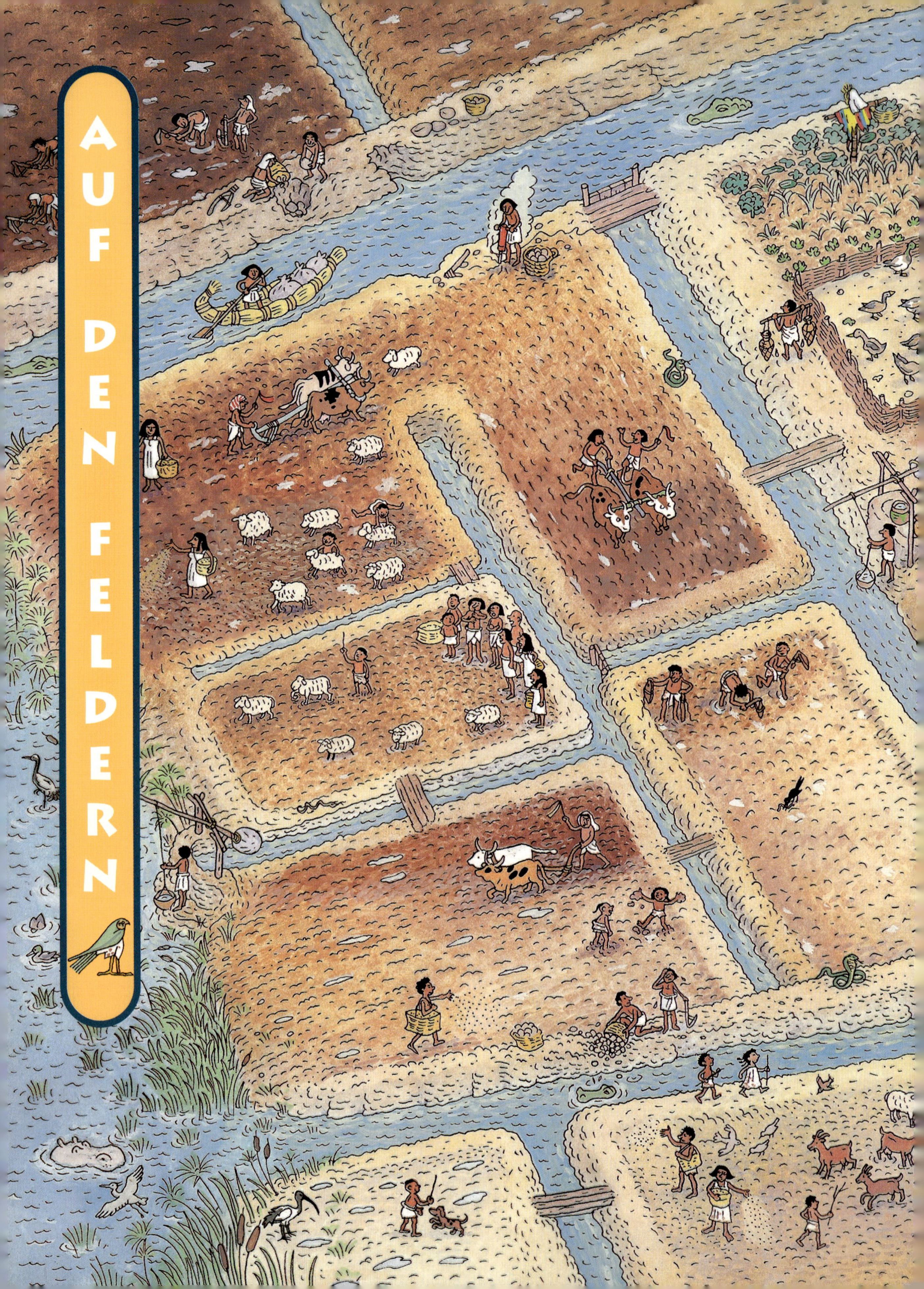

Jedes Jahr tritt im Juli der Nil über die Ufer und überschwemmt die Felder am Fluss. Man nennt es das Nil-Hochwasser. Im November geht das Wasser wieder zurück und hinterlässt eine fruchtbare Schlammschicht. Auf diesem Land können die Bauern pflügen, säen und ernten.

Suche den kleinen Jungen mit dem Hund und finde den Rückweg zu seiner Mutter. Sie wartet vor dem Haus auf ihn. Pass auf, dass er nur auf den schmalen Pfaden am Feldrand geht und keinen Schlangen begegnet!

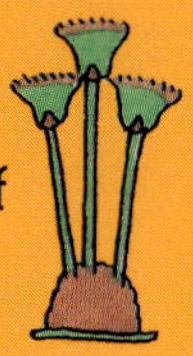

Jede Kuh hat eine Zwillingsschwester. Achte auf die Flecken, um sie zu finden.

Auf dem Bild sind drei Gegenstände versteckt, die es damals ganz bestimmt noch nicht gab. Finde sie!

Wie viele verschiedene Vogelarten kannst du entdecken? Gänse und Enten nicht mitgezählt.

Zwei Ochsengespanne sehen fast gleich aus. Finde die sechs Unterschiede!

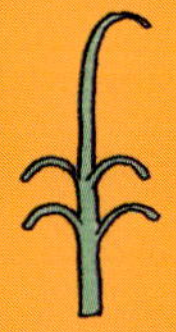

Und jetzt suche:
die beiden Bäuerinnen, die Körbe mit Weintrauben tragen, die Kinder, die Trauben essen, das einzelne Schaf, den Jungen, der Bocksprünge macht, die Kinder, die eine Schlammschlacht machen, den Affen auf dem Baum, die Frau, die ein Nickerchen macht, und alle gefährlichen Tiere.

Der Gott Anubis begleitet die Toten in die Unterwelt. Wo steckt er?

AUF DEN FELDERN

Die meisten Ägypter sind Bauern. Sie leben nach dem Rhythmus des Nil-Hochwassers und arbeiten den ganzen Tag auf den Feldern. Sie bauen vor allem Weizen und Gerste an.

Wenn das Hochwasser zurückgeht, pflügen die Bauern die Erde um und säen Weizen oder Gerste aus. Zum Schluss stampfen die Tiere die Saat ein.

Bei der Aussaat singen die Bauern Lieder für eine gute Ernte.

Es gibt sogar schon Vogelscheuchen!

Die Ägypter essen viele Früchte! Sie pflücken Datteln und Feigen in den Obstgärten und Trauben in den Weinreben.

Die Bewässerungskanäle bringen das Wasser in die Felder und Obstgärten.

Der Schaduf ist ein Wasserschöpfgerät. Damit wird das Wasser in die Kanäle und Bewässerungsgräben an den Feldrändern transportiert.

IN DER STADT

Die meisten Ägypter wohnen mit ihrer Familie auf engstem Raum in kleinen Häusern. Nur die wohlhabenden Leute besitzen ein großes Haus mit einem Garten, der von dicken Mauern umgeben ist.

Siehst du die drei Ägypter, die auf ihrer Terrasse ein Nickerchen machen?

Welcher Gegenstand befindet sich auf jeder Terrasse?

Zwei Esel tragen das gleiche Gemüse in ihren Körben. Findest du sie?

Welche beiden Terrassen sehen genau gleich aus?

Wie viele Treppen sind auf dem Bild?

Zähle alle Hunde in der Stadt. Gibt es gleich viele Affen im Garten?

Suche:
die Baustelle,
den störrischen Esel,
die Frau mit dem umgekippten Früchtekorb,
den Entendieb,
die Katze, die sich überfressen hat,
den kleinen Jungen mit seinem Hund und seine Mutter (du hast die beiden schon vorher in den Feldern gesehen!).

Und wo steckt Amon, der oberste Gott der Ägypter?

IN DER STADT

In den engen Straßen herrscht reges Treiben. Viele Handwerker und Händler verkaufen ihre Waren. Die Ägypter haben kein Geld, sondern treiben Tauschhandel.

Auf den Plätzen und Straßen drängen sich die Marktstände. Man kann fast alles tauschen: Möbel, Nahrung, Stoffe und vieles mehr.

In den staubigen Gassen ist es heiß und laut. Deshalb verbringen die Stadtbewohner viel Zeit auf ihrer Terrasse.

Die Häuser der Adeligen liegen in wunderschönen Gärten. Oft gibt es auch ein Wasserbecken.

Die Fenster sind sehr klein, damit nur wenig Sonne in die Häuser dringt. Deshalb ist es in den Häusern ziemlich düster.

Die meisten Häuser in der Stadt haben zwei oder drei Stockwerke.

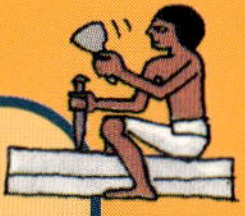

Die Ägypter bauen ihre Häuser aus Ziegelsteinen. Die Steine sind aus getrocknetem Lehm und werden nicht gebrannt. Das ist nicht besonders stabil...

Wenn ein Haus einstürzt, glättet man einfach den Boden und baut ein neues Haus darauf.

DER TEMPEL

Die Ägypter haben viele Götter und haben Häuser für sie gebaut. Ein Tempel ist das Haus eines Gottes. Der Gott wird von einer kostbaren Statue dargestellt. Diese wird tief im Tempel in einer kleinen Kapelle aufbewahrt.

Die Ägypter bringen dem Gott Opfergaben in den Tempel. Welche beiden Frauen tragen den gleichen Korb auf dem Kopf?

Vor dem Tempeleingang stehen acht Sphinxe. In jeder Reihe unterscheidet sich eine von den anderen. Findest du den Unterschied?

Welcher ungewöhnliche Besucher hat sich in den großen Tempelraum eingeschlichen?

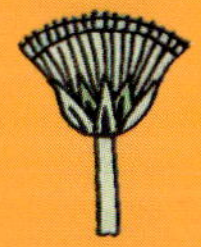

Welche drei Säulen im großen Tempelraum sehen genau gleich aus?

In der Schule lernen die Kinder lesen und schreiben. Wie viele Kinder sitzen auf dem Boden und wie viele stehen?

Suche:
den badenden Priester,
zwei Schafe,
den Hund, der einem Knochen nachjagt,
den Hasen, der davonläuft,
den Jungen, der zu spät in die Schule kommt,
die Tafel, die er verloren hat,
und den Affen, der aus der Stadt weggelaufen ist.

Und wo verbirgt sich Horus, der Schutzgott der Pharaonen?

DER TEMPEL

Die Ägypter glauben, dass die Götter Essen und Kleidung brauchen, genau wie die Menschen auch. Jeden Morgen kümmern sich die Priester um den Gott in ihrem Tempel. Sie bringen der Statue etwas zu essen, waschen sie und kleiden sie an.

Der Tempeleingang ist sehr beeindruckend. Durch eine Allee von Sphinxen gelangt man zu einem riesigen Eingangstor.

Der Tempel, der heilige See und die Nebengebäude sind von einer hohen Mauer umgeben.

Im Tempel dürfen sich nur Priester aufhalten.

Nur wenige Kinder gehen zur Schule. Sie werden später einmal Schreiber. Nur sie können in Ägypten lesen und schreiben. Die Lehrer sind sehr streng und bestrafen die Schüler oft mit Stockhieben!

Die Priester baden im heiligen See, um sich zu reinigen.

Das Sanktuarium ist der heiligste Raum des Tempels. Hier steht die Götterstatue. Der Priester bringt dem Gott Wasser, Kleidung, Schmuck und Nahrung.

DER PALAST

Der König heißt in Ägypten Pharao. Als Herrscher des Landes hat er alle Hände voll zu tun. Um sich zu erholen, geht er auf die Jagd und sieht sich Schauspiele an. Oder er veranstaltet ein großes Fest mit vielen Gästen.

Welche Palastwache hält ihre Lanze in der linken Hand?

Auf dem Fest tanzen viele Tänzerinnen. Welche beiden Frauen machen die gleiche Handbewegung?

In der Mitte der Palastsäulen ist eine Bilderserie durcheinander geraten. Bringe sie in die richtige Reihenfolge. Beginne mit der vorletzten Säule.

Im Palast spielen viele Musiker. Wie viele verschiedene Instrumente findest du?

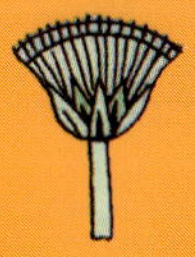

Welche Blume in den großen Blumensträußen zwischen den Säulen ist immer die gleiche?

Suche:
das umgekippte Glas,
alle Kinder auf dem Fest,
den Wächter, der sich am Bein kratzt,
die Katze, die einen Fisch gestohlen hat,
die Affen, die durch den Palast laufen,
und den Wächter, der seine Lanze verloren hat. Wo ist sie?

Wo versteckt sich Hathor, die Göttin der Musik und des Tanzes?

DER PALAST

Die Ägypter glauben, dass der Pharao ein lebender Gott ist. Er wohnt in einem prachtvollen Palast mit vielen Dienern, Wachen und Schreibern. Der Pharao herrscht über das ganze Land!

Der Pharao hat mehrere Kronen. Für jede Gelegenheit eine andere. Die rotweiße Doppelkrone nennt man Pschent. Der Thron ist wunderschön verziert und aus massivem Gold.

Der Pharao kann mehrere Frauen heiraten. Seine Hauptgemahlin ist die Königin.

Der oberste Schreiber ist ein sehr angesehener Mann. Er liest und schreibt die persönlichen Briefe des Pharaos.

Die Gäste tragen Duftkegel auf den Köpfen. Die Kegel schmelzen im Laufe des Abends und hinterlassen Duftöl im Haar.

Sänger und Tänzerinnen unterhalten die Gäste. Die Musiker spielen Harfe, Flöte, Laute und Trommel.

Die Schreiber des Pharaos schreiben auf großen Papyrusrollen. Sie benutzen kein Alphabet, sondern Hieroglyphen. Das sind Schriftzeichen, die Laute darstellen.

DIE PYRAMIDEN

Die Pyramiden sind riesengroße Grabstätten für die Pharaonen. Die Pyramide soll den Körper und den Geist des Pharaos nach seinem Tode bewahren!

Finde auf jeder Pyramide drei rissige Steine.

Die Männer transportieren die Steine auf Holzschlitten. Vor jedem Schlitten sieht einer der Ägypter anders aus als die anderen.

Es gibt zwölf Wasserträger. Zwei Träger sehen immer gleich aus! Finde die Paare.

Die Zelte sind schön bunt! Bei jedem Zelt fehlt eine von sechs Farben. Welche?

Welcher Gegenstand passt nicht in die Zeit?
Welche drei Männer tun etwas Ungewöhnliches?

Suche:
den Arbeiter, der sich verletzt hat,
den Arbeiter, der nicht mehr alleine gehen kann,
den Mann, der gerade verarztet wird,
den Architekten, der seinen Bauplan studiert,
die Schlange und die Skorpione.
Wie viele Steine liegen auf dem Schiff?

Und wo ist Sekhmet, die Göttin der Heilung?

DIE PYRAMIDEN

Der Bau einer großen Pyramide dauert über zwanzig Jahre! Man braucht dazu zwei Millionen Steinblöcke. Die Steine werden auf Schiffen auf dem Nil transportiert. Eine Pyramide kann 100 Meter hoch sein. Das ist so hoch wie ein Hochhaus mit 30 Stockwerken!

Die Steinblöcke werden vom Schiff auf Holzschlitten gehievt. Dann werden sie zur Baustelle gezogen.

Die Maurer schneiden die Steinblöcke zu. Später werden die Steine poliert. Zum Schluss wird die Pyramide mit weißen Kalksteinplatten verkleidet.

Oft baut der Pharao auch eine kleine Pyramide für die Königin.

In der Wüste ist es sehr heiß! Die Arbeiter müssen viel Wasser trinken.

Die Steine müssen immer höher auf die Pyramide hinauftransportiert werden. Auf einer Rampe zieht man die beladenen Schlitten auf einer Seite nach oben.

Auf der anderen Seite zieht man die leeren Schlitten wieder hinunter. Ist die Pyramide fertig, wird die Rampe wieder abgebaut.

LÖSUNGEN

DER NIL

Nein (8, 7, 8) – siehe Abbildung – siehe Abbildung – eine Amphore – siehe Abbildung

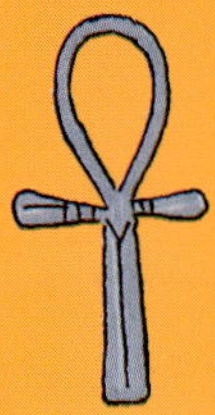

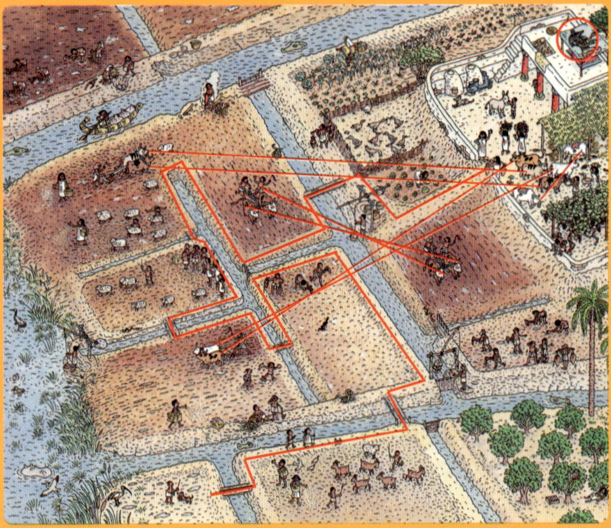

AUF DEN FELDERN

Siehe Abbildung – siehe Abbildung – Fernsehantenne, Motorroller, Presslufthammer – fünf Vogelarten (Reiher, Ibis, Grauer Kranich, Rabe, Taube) – Hörner, Schwanz, Schwanzspitze, Haarfarbe Ägypter, Augen, vertauschte Flecken

IN DER STADT

Siehe Abbildung – Besen – siehe Abbildung – siehe Abbildung – zehn Treppen – ja (6, 6)

DER TEMPEL

Siehe Abbildung – siehe Abbildung – Indianer – siehe Abbildung – sechs stehen und sieben sitzen

DER PALAST

Sechste Wache von links mit dem Gesicht nach vorne – siehe Abbildung – siehe Abbildung – sieben (Zither, Laute, Harfe, Trommel, Tamburin, Flöte, Trompete) – siehe Abbildung

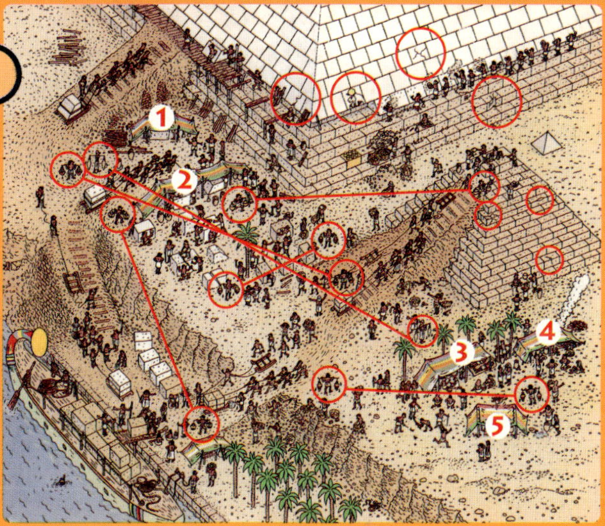

DIE PYRAMIDEN

Siehe Abbildung – ein Mann trägt einen Rock, ein Mann hat eine Glatze, ein Mann trägt eine rote Mütze, ein Mann trägt einen Verband, ein Mann trägt eine blaue Tunika – siehe Abbildung – 1 = gelb, 2 = rot, 3 = grün, 4 = beige, 5 = blau – Legostein – der Mann mit der elektrischen Schleifmaschine, der Taucher, der Mann auf dem Trampolin – 13 Steine

In Gallien

Vor über 3000 Jahren eroberte eine Vielzahl von Volksstämmen fast ganz Europa. Man nennt sie die Kelten. Die Reiter aus dem Osten sprachen die gleiche Sprache, hatten die gleiche Religion und wussten, wie man Eisen herstellt.

Die Kelten, die in Gallien lebten, nennt man Gallier. Gallien befand sich ungefähr dort, wo heute Frankreich liegt. Die Gallier waren ein Volk mit etwa 60 Stämmen. Sie hatten oft Streit und bekämpften sich gegenseitig. Durch archäologische Ausgrabungen kann man sich heute vorstellen, wie die Gallier früher gelebt haben.

AUF DEM LAND

60 Jahre vor Christus besteht ein Großteil Galliens aus Wald und Sumpfland. Die meisten Gallier leben vom Ackerbau und von der Viehzucht. Sie bauen Getreide wie Weizen, Gerste oder Roggen an. Sie pflanzen aber auch Linsen und Kichererbsen an. Und sie wissen, wie man Eisen herstellt. Deshalb können sie immer bessere Werkzeuge für die Landwirtschaft machen.

Welche Gegenstände passen nicht in die Zeit der Gallier?

Wer gehört zu einer Familie? Der Vater, die Mutter und die beiden Kinder tragen die gleiche Kleidung!

Die Schweine im Pferch sehen fast wie Wildschweine aus. Gibt es gleich viele Wildschweine und Hausschweine?

Wie viele verschiedene Tierarten siehst du?

Wo ist das Kind mit dem Korb? Es hat einen Brotlaib, zwei Äpfel und eine Wurst verloren. Findest du sie?

Suche:
den kleinen Jungen mit dem Hund,
den Mann, der von der Jagd kommt,
den Mann, der Bäume fällt,
den Mann mit dem Pflug,
die Frau, die einen Weidenkorb herstellt,
und den Mann, der Gras mäht.

Auf dem Bild sind zehn Fässer. Findest du sie?

AUF DEM LAND

Die Gallier legen das Sumpfland trocken und holzen Wälder ab. So haben sie mehr Platz für ihre Dörfer und Felder. Sie wohnen auf einzelnen Bauernhöfen oder in kleinen Hüttendörfern mitten im Wald oder in Flussnähe. Sie züchten Geflügel, Schafe, Pferde, Ziegen und vor allem Schweine.

Die Gallier pflügen mit einem so genannten Schwingpflug. Sie düngen ihre Felder mit Mergel. Das ist tonhaltiger Kalkstein.

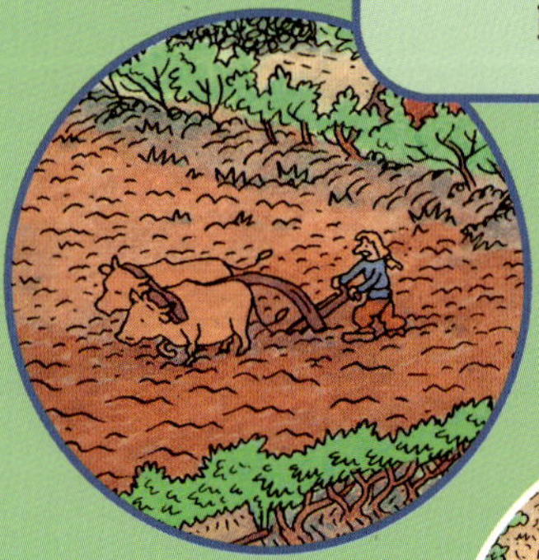

Die Gallier haben die Mähmaschine auf Rädern erfunden. Sie wird von einem Esel, einem Pferd oder einem Ochsen geschoben.

Der Kornspeicher steht auf Holzstelzen. So können keine Nagetiere eindringen.

Manche Arbeitsgeräte sind aus Eisen. Die Sicheln und Sensen sehen damals schon genauso aus wie die Arbeitsgeräte, die man noch vor 150 Jahren auf dem Land benutzt hat!

Die Schiffer fahren mit ihren Holzbooten über die Flüsse. Die Boote werden vom Ufer aus von Männern gezogen.

Die Schweine sind noch halb wild und sehen eher aus wie Wildschweine. Sie haben einen langen Rüssel und ein dichtes Fell.

DAS OPPIDUM

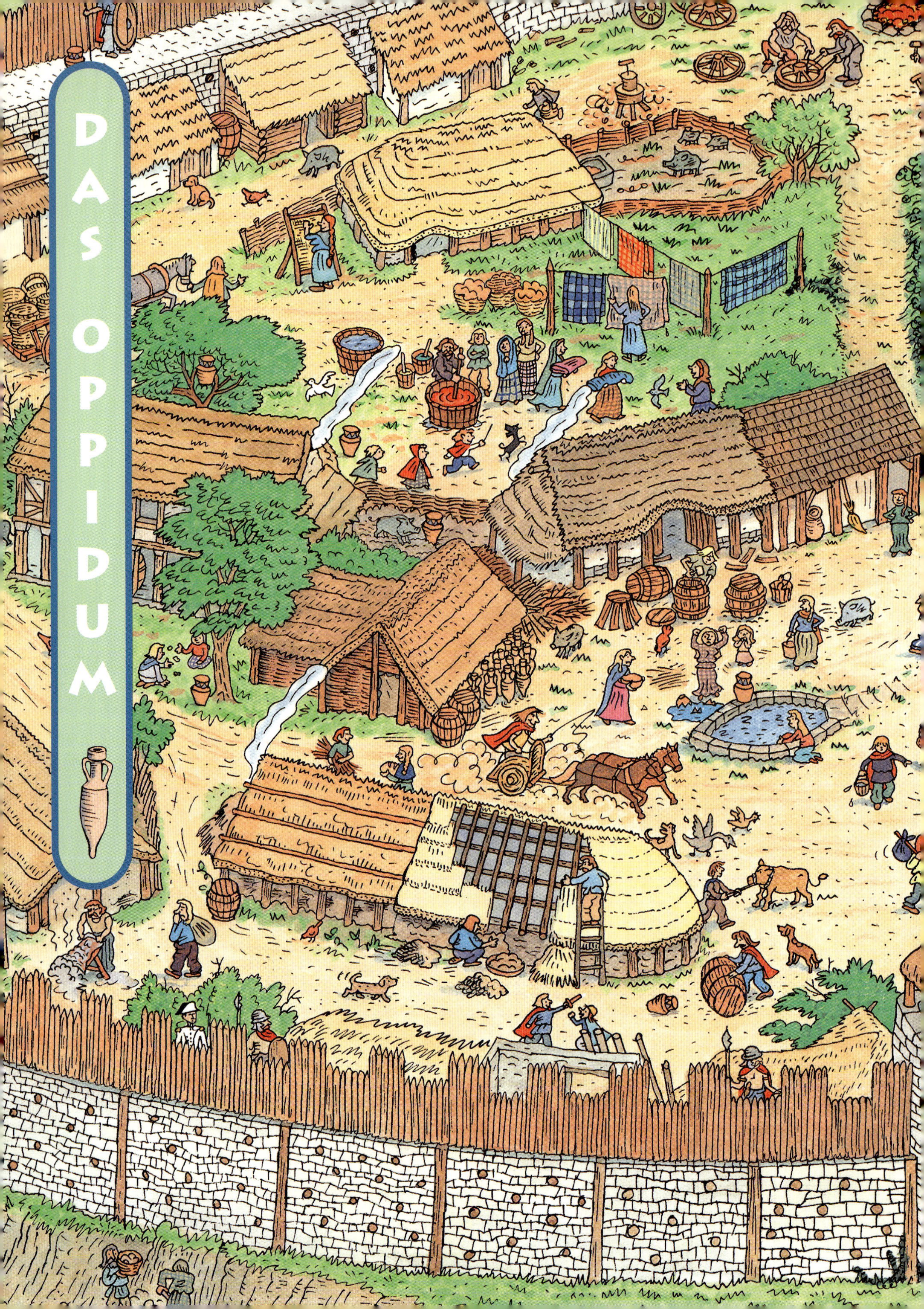

Das gallische Oppidum ist eine Siedlung mit einem ringförmigen Schutzwall. Die Mauer besteht aus Steinen, Erde und Holz. Ein Holzzaun macht den Wall noch höher. Die Kelten bauen das Oppidum immer an einem Ort, den man gut verteidigen kann: auf einem Hügel, einer Insel oder in einem Sumpfgebiet.

Sieh dir die beiden Türme am Eingang des Oppidums genau an. Findest du sieben Unterschiede?

Hinter den Palisaden trägt ein Wachposten eine seltsame Uniform. Was hat er an?

Finde zwei Häuser und ihre Doppelgänger.

Der Töpfer hat zehn Krüge im Oppidum verloren. Findest du sie?

Welche Rauchfahne geht in eine andere Richtung als die anderen?

Suche:
den kleinen Jungen mit dem Hund,
das Kalb, das nicht weitergehen will,
das zweistöckige Haus,
die Kinder, die mit Steinchen spielen,
die Kinder, die sich streiten,
die Frau, die einen Krug zerbrochen hat,
die Frau mit dem Kind auf dem Arm,
die Männer, die ein Haus bauen,
den Mann mit einem Bündel Holz unterm Arm
und die Männer, die einen Graben ausheben.

Wo sind die neun Fässer im Oppidum?

DAS OPPIDUM

In einem Oppidum herrscht geschäftiges Treiben. Hier leben Krieger und ihre Familien, Handwerker und Händler. Es ist ein Rückzugsort im Krieg, aber auch ein Ort, an dem gehandelt und getauscht wird. In einem Oppidum gibt es verschiedene Viertel und sogar einen Marktplatz!

Ein tiefer Graben vor dem Wall macht das Oppidum noch sicherer.

Die Häuser werden aus Lehm und Holz gebaut. Sie haben einen gestampften Lehmboden und ein Dach aus Stroh.

Der Weber fertigt große Stoffstücke an einem Webstuhl an.

Der Schmied ist ein wichtiger Mann im Dorf. Er schmiedet Gegenstände aus Eisen: Waffen, Werkzeuge und viele nützliche Alltagsgegenstände.

Jeder Handwerker wohnt in einem bestimmten Viertel. Es gibt das Töpferviertel, ein Viertel für Schmiede und eins für Weber.

DIE DRUIDEN

Die Druiden sind die Priester in Gallien. Sie sind die wichtigsten und angesehensten Personen des Stammes. Vor jeder Entscheidung fragt man sie um Rat. Alle Druiden treffen sich jedes Jahr im Karnutenwald. Dieser Wald liegt in der Nähe der heutigen Stadt Chartres. Hier tauschen die Druiden ihr Wissen und ihre Erfahrungen aus.

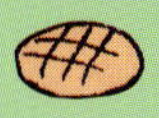

Alle Leitern bis auf eine haben gleich viele Sprossen. Findest du sie?

Ein seltsamer Besucher hat sich unter die Druiden gemischt. Wer ist es?

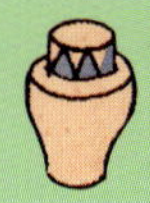

Finde die 17 Wildschweine, die sich im Wald versteckt haben.

Suche alle Druiden mit einer Sichel in der Hand. Gibt es gleich viele Rechtshänder und Linkshänder?

Zweimal zwei Druiden machen gerade die gleiche Bewegung. Aber eine Kleinigkeit unterscheidet sie. Welche?

Suche:
den kleinen Jungen mit dem Hund,
den Druiden, der Heilkräuter sucht,
den Druiden, der vom Baum gefallen ist,
den Druiden, der die Kinder unterrichtet,
die verlorene Sichel,
die Kinder, die Pilze sammeln,
zwei Palmen,
die Henne, die Ziege und zwei Eichhörnchen.

Findest du auch die vier Fässer im Wald?

DIE DRUIDEN

Die Druiden in Gallien sind auch Heiler, Richter und Wissenschaftler. Sie beobachten den Himmel und die Sterne, beraten die Krieger und unterrichten die Kinder. Sie gaben ihr Wissen nur mündlich und nicht schriftlich weiter. Deshalb weiß man heute nur wenig darüber.

Druiden kommen aus einer Adelsfamilie. Die Ausbildung zum Druiden dauert zwanzig Jahre.

Druiden sind die meiste Zeit auf der Suche nach Mistelzweigen. Diese Pflanze ist sehr selten und wächst nur auf Eichen. Die Gallier verehren die Misteln als heilige Pflanze.

Beim Mistelschneiden muss man ganz bestimmte Regeln befolgen: Der Druide ist ganz in Weiß gekleidet und schneidet die Misteln mit einer goldenen Sichel.

Die Gallier verehren über 400 Götter. Jede Region hat ihre eigenen Götter. Am bekanntesten ist Taranis, der Gott des Himmels.

Für die Gallier sind Wasserquellen heilige Orte. Sie schreiben ihnen große Macht zu und werfen Holzgegenstände als Opfergaben hinein.

Der Druide erklärt seinen Schülern, wie man ein tapferer Krieger wird und die Götter verehrt. Er bringt ihnen auch Gedichte und Lieder bei.

DAS BANKETT

Die Gallier essen und feiern für ihr Leben gern! Wenn sie von einer Schlacht oder von der Jagd zurückkommen, gibt es immer ein großes Festessen, und es wird viel gegessen, getrunken und gelacht. Aber die Gallier essen nicht nur gerne, sie reden auch gerne. Manchmal übertreiben sie ein bisschen mit ihren Geschichten und geben ganz schön an!

Auf dem Bild sind acht merkwürdige Gegenstände versteckt. Findest du sie?

Suche die sechs Kessel und ordne sie der Größe nach.

Welche drei Frauen tragen Kleidung aus dem gleichen Stoff?

Wie viele Kinder siehst du?

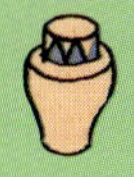

Beim Bankett hat eine Person einen Doppelgänger. Findest du die beiden?

Suche:
den kleinen Jungen mit dem Hund,
den Jungen, der sich unterm Tisch versteckt,
die beiden Kinder, die auf den Baum geklettert sind,
die zweite Leier des Barden,
die zwei Katzen,
die herumliegenden Knochen,
den umgekippten Kessel,
die Frau mit dem Kind an der Hand,
die Frau mit dem Korb
und die Männer, die sich streiten.

Und wo sind die acht Fässer?

DAS BANKETT

Die Gallier singen gerne Lieder. Deshalb darf bei keinem Festessen ein Barde fehlen. Der Barde ist der Dichter und Musiker des Stammes. Seine Lieder erzählen von den Abenteuern der Gallier und von den Göttern. Manchmal veranstalten die Gallier bei einem Fest auch einen Faustkampf, Geschicklichkeitsspiele oder ein Wagenrennen.

Die Gallier schmoren das Fleisch in einem Kessel oder braten es an einem Spieß über dem Feuer.

Die Schüsseln sind aus gebranntem Ton, Silber oder Bronze. Es gibt auch Körbe und Holzschalen. Die Gallier essen mit den Fingern! Sie haben kein Besteck, nur ein Messer zum Schneiden und Schöpflöffel.

Die Frauen tragen einen langen Rock, eine Tunika, die mit einem Gürtel zusammengezogen ist, und manchmal einen Umhang.

Die Männer tragen Braken. Das sind lange, wollene Pumphosen. Dazu tragen sie eine Tunika. Ein Umhang, der so genannte Sagum, schützt sie vor der Kälte. Er wird mit einer Fibel, einer Art Sicherheitsnadel, zusammengehalten.

In den Holzfässern werden Wein und Bier transportiert. Die Kelten brauen ihr Bier aus Gerste und nennen es »Cervesia«.

ALESIA

Im Jahr 58 vor Christus beginnt der römische Kaiser Julius Cäsar mit der Eroberung Galliens. Sechs Jahre später ist fast das ganze Land besetzt. Einige gallische Häuptlinge geben nicht auf und wehren sich hartnäckig. Ihr Anführer heißt Vercingetorix. 52 vor Christus umzingeln Julius Cäsar und seine Legionäre das Oppidum Alesia. Dort haben sich Vercingetorix und seine Armee verschanzt.

Welcher römische Turm unterscheidet sich von den anderen?

Sieh dir die Palisaden genau an. Welche drei Gegenstände gehören nicht hierhin?

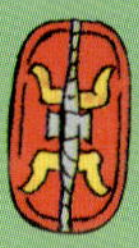

Welcher Legionär trägt einen falschen Schild? Welcher Legionär geht in die verkehrte Richtung?

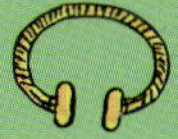

Ein Gallier hat sich in das römische Lager eingeschlichen. Siehst du ihn?

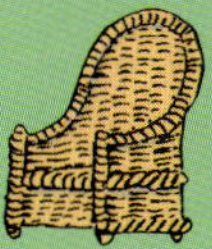

Es gibt immer zwei Zelte mit der gleichen Farbe. Findest du die Paare?

Suche:
den kleinen Jungen mit dem Hund,
die herzförmige Rauchfahne,
den römischen Soldaten mit einer ungewöhnlichen Waffe,
die Römer, die Fallen aufstellen,
Julius Cäsar,
den Wagen, der von Alesia wegfährt,
und das entlaufene Schwein.

Fässer gibt es hier natürlich auch. Diesmal sind es drei.

ALESIA

Die Römer greifen Alesia nicht an, sondern bauen zwei Befestigungslinien. So können die Gallier nicht mehr aus dem Oppidum fliehen und es kann ihnen auch niemand von außen zu Hilfe kommen. Die Römer belagern Alesia. Nach zwei Monaten müssen Vercingetorix und seine Armee aufgeben. Sie haben den Kampf verloren.

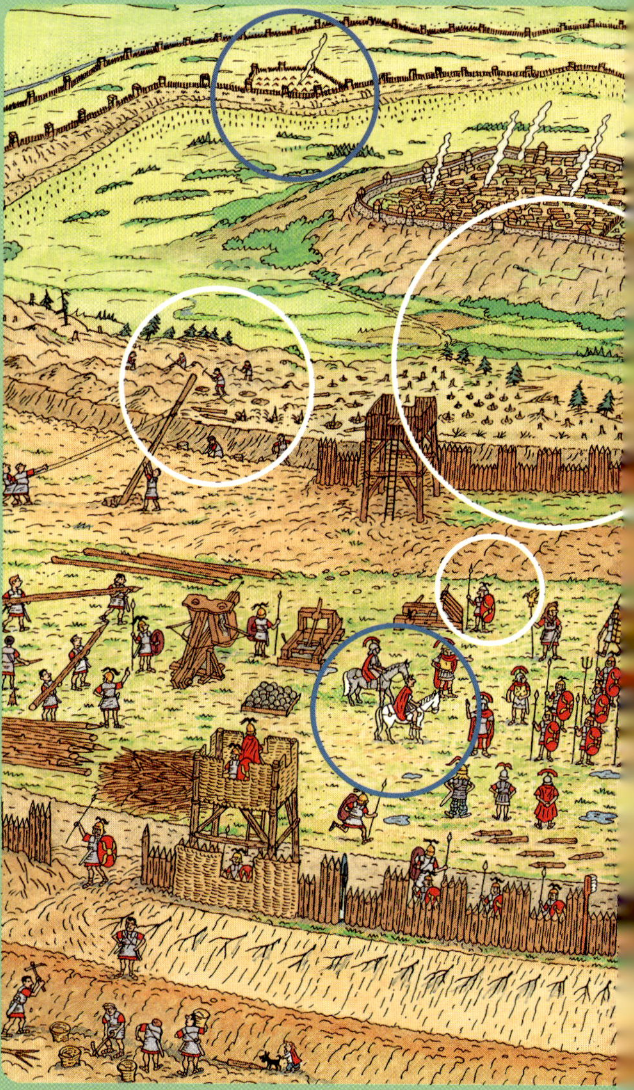

Das Oppidum Alesia liegt auf einem Hügel.

Die Römer heben tiefe Gräben aus und bauen Fallen. Sie stecken lange, spitze Pfähle in die Erde und verbergen sie unter Ästen und Zweigen.

Das römische Lager befindet sich zwischen zwei Befestigungslinien.

Der römische Legionär trägt einen Lederpanzer. Seinen Metallhelm ziert manchmal ein Federbusch. Der Legionär ist mit einem Dolch, einem Schwert, einer Wurflanze und einem Schild bewaffnet.

Die Schlacht von Alesia kann man in einem Buch nachlesen. Es ist von Julius Cäsar und heißt *Der gallische Krieg*.

Die Befestigungsanlagen der Römer sind unüberwindbar. Insgesamt 250 000 Gallier wollen Vercingetorix zu Hilfe kommen. Doch sie werden alle getötet oder fliehen.

IN DER STADT

Julius Cäsar hat gewonnen: Gallien ist jetzt römisch. Die Römer verändern das ganze Land. Sie bauen neue Straßen, Dörfer und Städte und verändern auch die alten Siedlungen. Der römische und gallische Baustil vermischen sich. Die Städte werden galloromanisch.

In jedem Stockwerk der Arena unterscheidet sich ein Bogen von allen anderen. Welcher?

Auch beim Aquädukt sehen nicht alle Bögen gleich aus. Siehst du sie?

Welche beiden Häuser haben die gleiche Fassade und welche beiden Häuser haben den gleichen Garten?

Werden mehr Wagen von Ochsen oder von Eseln gezogen?

Wie viele Dreiecke siehst du in dem kleinen Triumphbogen?

Suche:
den kleinen Jungen mit dem Hund,
die drei Baustellen,
den Druiden, der sich versteckt,
alle Orte mit Wasser,
die Gladiatoren in der Arena,
den Marktplatz,
das Wildschwein und die Ziege,
die Frau mit der Amphore auf dem Kopf
und die gallischen Häuser.

Und wo sind die sieben Fässer?

IN DER STADT

Die Römer bauen viele Gebäude, die es in Gallien vorher nicht gab: Theater, Arenen und Thermen. Die Häuser sind nicht mehr aus Lehm und Erde, sondern aus Stein und Ziegeln. Die Gallier lernen die Sprache der Sieger: Lateinisch. Die Druiden werden verfolgt. Die Kinder werden nun von römischen Lehrern unterrichtet.

Das Aquädukt bringt das Wasser von der Quelle in die Stadt.

Die Thermen sind öffentliche Bäder. Die Stadtbewohner gehen dorthin, um sich zu waschen, aber auch, um Freunde zu treffen.

Die Römer sehen sich gerne Schauspiele in der Arena an: Wagenrennen, Gladiatorenkämpfe oder Theaterstücke.

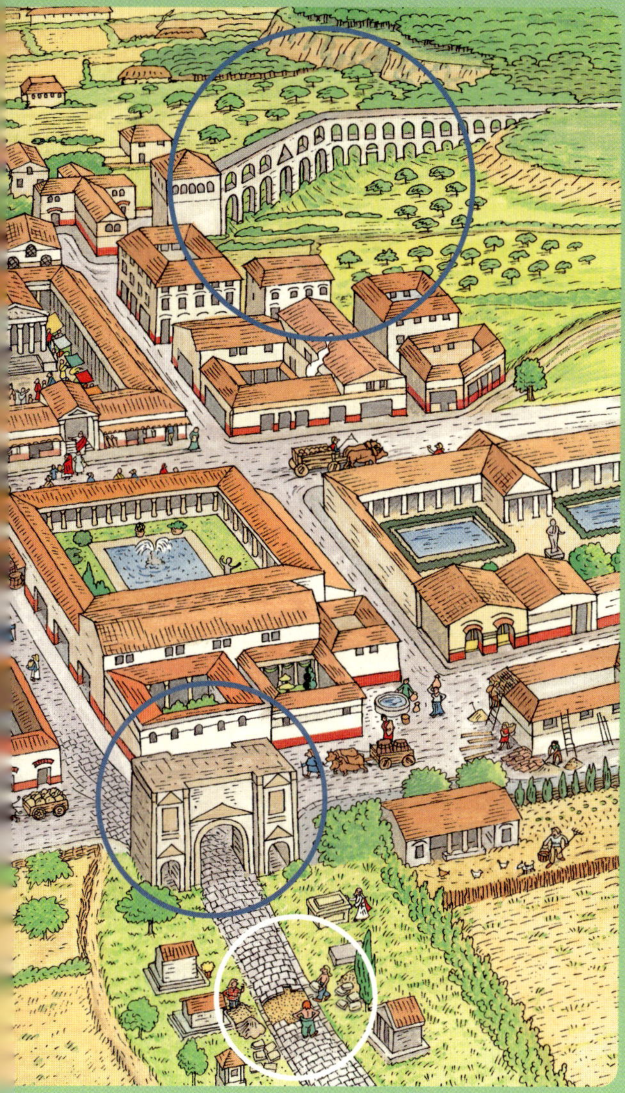

Auf dem Land ist der römische Einfluss nicht so stark wie in den Städten. Manche Bauern sprechen immer noch Gallisch.

Lyon (Lateinisch: Lugdunum) ist die Hauptstadt des römischen Galliens.

Die Römer bauen große Straßen. Auf den geraden, gepflasterten Wegen kommen die Soldaten und Händler mit den Waren schneller voran.

LÖSUNGEN

AUF DEM LAND

Siehe Abbildung (A = Traktor, B = aufblasbare Ente, C = Roller, D = prähistorischer Vogel, E = Dame mit Schirm, F = Schienen, G = Verkehrsschild) – siehe Abbildung – nein (fünf Wildschweine, sechs Hausschweine) – zehn: Schwein, Pferd, Hund, Ochse, prähistorischer Vogel, Gans, Ente, Schaf, Henne, Fisch – siehe Abbildung

DAS OPPIDUM

Dach / Anzahl der vorderen Ziegel / Balken (2) / Anzahl der Pfosten / Pflanze / Position des Wachpostens – siehe Abbildung (er trägt eine Uniform wie Napoleon) – siehe Abbildung – siehe Abbildung – siehe Abbildung

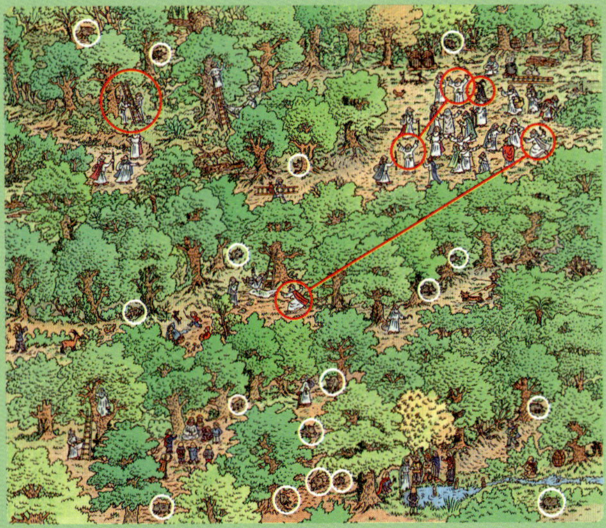

DIE DRUIDEN

siehe Abbildung (Leiter mit sieben Sprossen) – siehe Abbildung (eine Hexe) – siehe Abbildung – nein (zwei Linkshänder, fünf Rechtshänder) – siehe Abbildung (Farbe des Umhangs)

DAS BANKETT

Roter Fisch / Fenster im Baum / Hund im Nest / Umhang, der in einer Stoffrolle endet / dreieckiges Fass / Amphore über dem Feuer / zwei Männer mit Wildschweinbraten gehen in die entgegengesetzte Richtung / Wildschwein mit Nashornkopf – siehe Abbildung – siehe Abbildung – 18 (siehe Abbildung) – siehe Abbildung

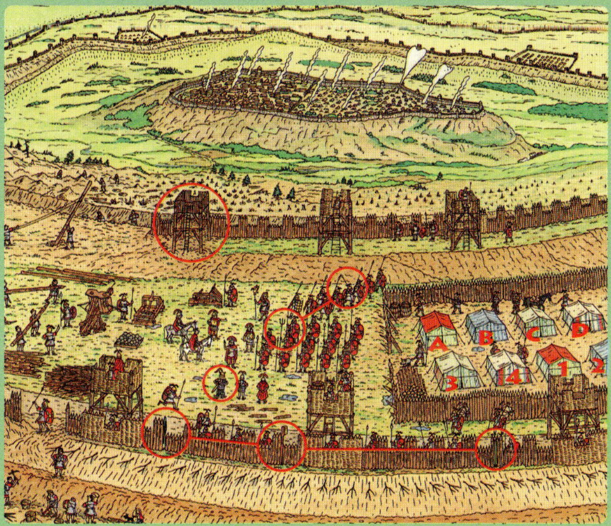

ALESIA

siehe Abbildung – Zahnbürste / Kugelschreiber / Bleistift (siehe Abbildung) – siehe Abbildung – siehe Abbildung – siehe Abbildung (A1, B2, C3, D4)

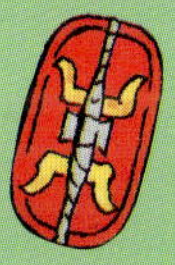

IN DER STADT

siehe Abbildung – siehe Abbildung – siehe Abbildung – vier Wagen mit Ochsen, drei Wagen mit Eseln – neun Dreiecke (vier sind in den Ecken)

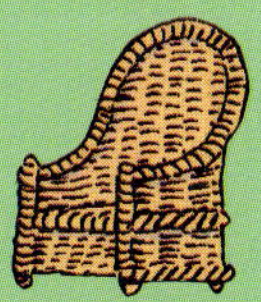

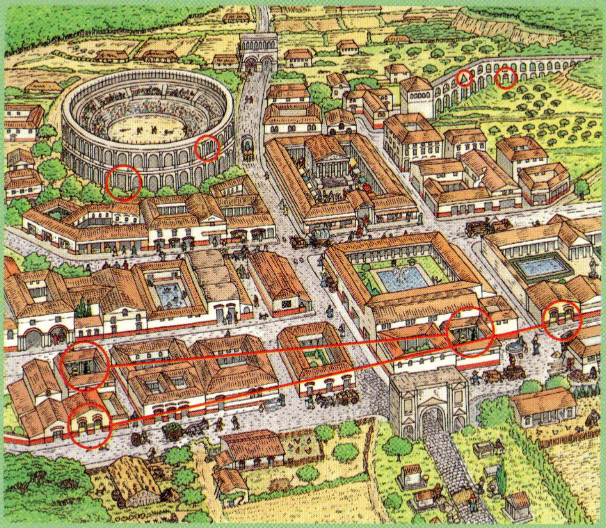

Im Mittelalter

Vor fast 1000 Jahren begann in Europa die Zeit der Burgen und Kathedralen, der Könige und Ritter. Handwerker und Bauern gab es natürlich auch. Wie lebten diese Menschen, die uns so ein großes kulturelles Erbe hinterlassen haben?

VOR DER BURG

Im Mittelalter, vor etwa 800 Jahren, gibt es viele Burgen im Land. Dort wohnen die Burgherren mit ihren Familien und Soldaten.
Die Bauern leben in Dörfern nahe der Burg.
Sie bewirtschaften die Ländereien des Burgherrn und müssen diesem einen Großteil ihrer Ernte und ihres Viehs abgeben.

Im Wald lauern Wölfe und Straßenräuber. Findest du sie? Sind es gleich viele Wölfe und Räuber?

Die Kinder helfen ihren Eltern von klein auf bei der Feldarbeit oder im Haus. Suche die 13 Kinder auf dem Bild.

Die Bäuerinnen waschen ihre Wäsche am Fluss vor der Burg.
Immer zwei Frauen tragen Kleidung in der gleichen Farbe. Finde die Paare.

Welche drei Tiere passen nicht hierher?

Der Burgherr geht auf die Jagd. Wo ist das Wildschwein, das er erlegen will?

Suche:
die zwei Mönche, den Schmied, den Soldaten, der im Dorf spazieren geht,
das verlorene Schaf,
die zwei Hasen, die Bienenstöcke,
das Haus, das gerade gebaut wird,
die Mühle und den Brunnen.

Wo ist das Burgwappen?

VOR DER BURG

Die Burg schützt die Bauern vor Feinden. Bei Gefahr können sie sich mit ihren Tieren hinter ihre sicheren Mauern zurückziehen. Die Bauern müssen dafür Frondienst leisten. Das heißt, sie erledigen bestimmte Aufgaben für den Burgherrn. Sie halten den Burggraben und die Festungsmauer in Ordnung, kümmern sich um die Wege und Wälder, fällen Holz und so weiter. Das Leben der Bauern im Mittelalter ist sehr hart.

Die Bauern bauen ihre Häuser selbst. Die Wände sind aus Holz und getrocknetem Lehm. Das Dach ist aus Stroh. Das ganze Haus besteht aus einem einzigen Raum. Hier wohnen die Menschen zusammen mit den Tieren. Sogar das Werkzeug ist hier untergebracht.

Der Burgherr baut eine Mühle für das ganze Dorf. Für die Nutzung zahlen die Bauern eine Gebühr, den so genannten Mahllohn.

Im Wald finden die Dorfbewohner viele Dinge zum Leben: Honig, Eicheln für die Schweine, Kastanien zum Brotbacken und Holz.

In der Dorfmitte steht eine Kirche aus Stein mit einem Friedhof.

Der Schmied stellt Eisenwerkzeuge her und repariert sie.

IN DER BURG

Die Burg schützt ihre Bewohner vor feindlichen Angriffen. Auf den Festungsmauern befindet sich der Wehrgang. Hier halten die Soldaten Wache. Die Burg ist wie ein großes Dorf. Hier können hundert Personen leben! Im unteren Burghof ist am meisten los.

Wie viele Soldaten halten auf dem Wehrgang Wache?

Alle Wachposten tragen den gleichen Schild. Nur einer nicht. Findest du ihn?

Welche drei Zinnen der Burg sehen anders aus als die anderen?

Findest du im Burghof den Scherenschleifer und sein Messer, den Hufschmied, den Pferdeknecht und den Schuhmacher?

Die Pagen tragen das Essen von der Küche zum Hauptturm der Burg. Welche beiden Pagen haben die gleiche Haltung?

Auf dem Bild sind zehn Eimer versteckt. Findest du sie?

Suche:
den Burgherrn, der von der Jagd zurückkehrt,
den Bauernwagen, den Pfau,
die Ziege, die an einem Pflock angebunden ist,
den Mann, der einen Hasen gefangen hat,
das Mädchen, das seine Eier zerbrochen hat,
das Kind mit dem Steckenpferd,
das Burgfräulein, das Blumen pflückt,
und die Frau, die ihrem Sohn die Haare wäscht.

Wo sind die Burgwappen?

IN DER BURG

Der Burgherr wohnt mit seiner Familie im höchsten und größten Turm der Burg. Man nennt diesen den Bergfried. Der Turm hat keinen ebenerdigen Eingang, sondern nur einen Hocheingang im ersten Stockwerk. Diesen erreicht man über eine Leiter oder eine Holztreppe, die man bei Gefahr entfernen kann.

Im Burghof steht ein Brunnen. So haben die Bewohner auch bei einer Belagerung immer frisches Wasser.

In der Burg arbeiten viele Handwerker und Bedienstete. Die Pferdeknechte kümmern sich um die Pferde, die Frauen spinnen Wolle, der Scherenschleifer schärft die Messer.

Die Soldaten wohnen in den kalten und feuchten Räumen der Türme.

Die Pagen bringen das Essen in den großen Burgsaal des Bergfrieds. Sie decken die Speisen mit einem Stofftuch ab, damit das Essen unterwegs nicht kalt wird.

Die Küche ist meistens draußen, in der Nähe des Bergfrieds. Hier arbeiten viele Bedienstete und bereiten die Mahlzeiten zu.

Die Burg hat eine eigene Kapelle.

DER ANGRIFF

Es ist nicht leicht, die Burg zu erobern. Die Feinde umzingeln die Festung und versperren den Bewohnern den Fluchtweg. Sie versuchen, die Gegner auszuhungern. Man nennt das eine Belagerung. Bei einem Angriff versuchen die Soldaten, die hohen Mauern zu erklimmen. Die Burgbewohner verteidigen sich mit Steinen, Pfeilen und kochendem Öl.

Zwischen den Soldaten tummeln sich fünf ungewöhnliche Personen. Findest du sie?

Auf welcher Leiter an der Burgmauer stehen die meisten Soldaten?

Wie viele Ritter sitzen auf den Pferden?

Welche beiden Katapulte sehen genau gleich aus?

Neben jedem Katapult liegt ein Berg mit gleich vielen Kugeln. Nur auf einem Berg liegen weniger. Auf welchem?

Die Zelte der Angreifer haben immer sieben Farben. Bei welchen beiden Zelten fehlt eine Farbe?

Suche:
die Ruinen des niedergebrannten Dorfes, alle Verletzten,
den Mann mit dem Pfeil im Hinterteil,
den Hahn und die Ente,
die Axt, mit der die Bäume gefällt wurden,
den Soldaten, der die Burg mit Steinen verteidigt, und den Soldaten, der in den Wald flüchtet.

Was ist mit dem Burgwappen passiert?

DER ANGRIFF

Die Burgbewohner haben Vorräte und einen Brunnen mit Wasser. Sie können monatelang ausharren, ohne die Burg zu verlassen. Während der Belagerung leben die Angreifer in einem Lager. Gelingt es ihnen nicht, die Burg vor Winteranfang zu erobern, heben sie die Belagerung wieder auf und verschwinden, weil ihre Pferde nichts mehr zu fressen haben.

Bei einem Angriff ist die Zugbrücke hochgezogen. Die Angreifer versuchen, das Tor mit einem Rammbock aufzubrechen. Das ist ein großer Holzbalken mit einer Eisenspitze.

Mit einem Belagerungsturm auf Rädern klettern die Soldaten auf die Mauern.

Die Soldaten kämpfen mit einem Schwert, einer Axt oder einer Armbrust. Feuerwaffen gibt es im Mittelalter noch nicht.

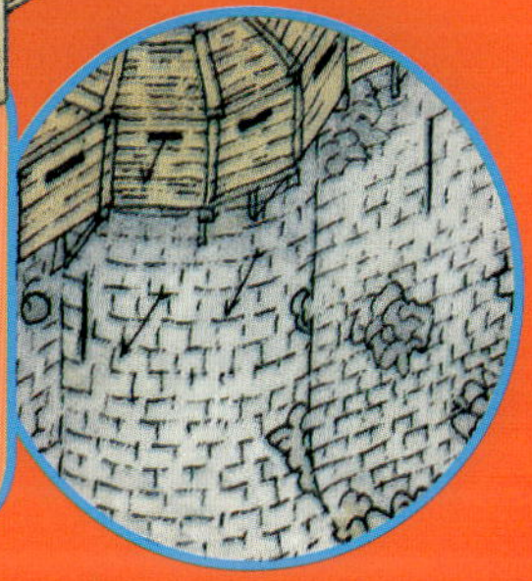

Die einzigen Öffnungen in der Mauer sind enge Schlitze. Man nennt sie Schießscharten.

Mit dem Tribock werden Steine oder tote Tiere in den Burghof geschleudert. Die toten Tiere sollen Krankheiten in der Burg verbreiten.

Mit Katapulten schleudern die Soldaten Steine gegen die Burgmauer. Sie beschädigen die Mauer und verletzen die Soldaten in der Burg.

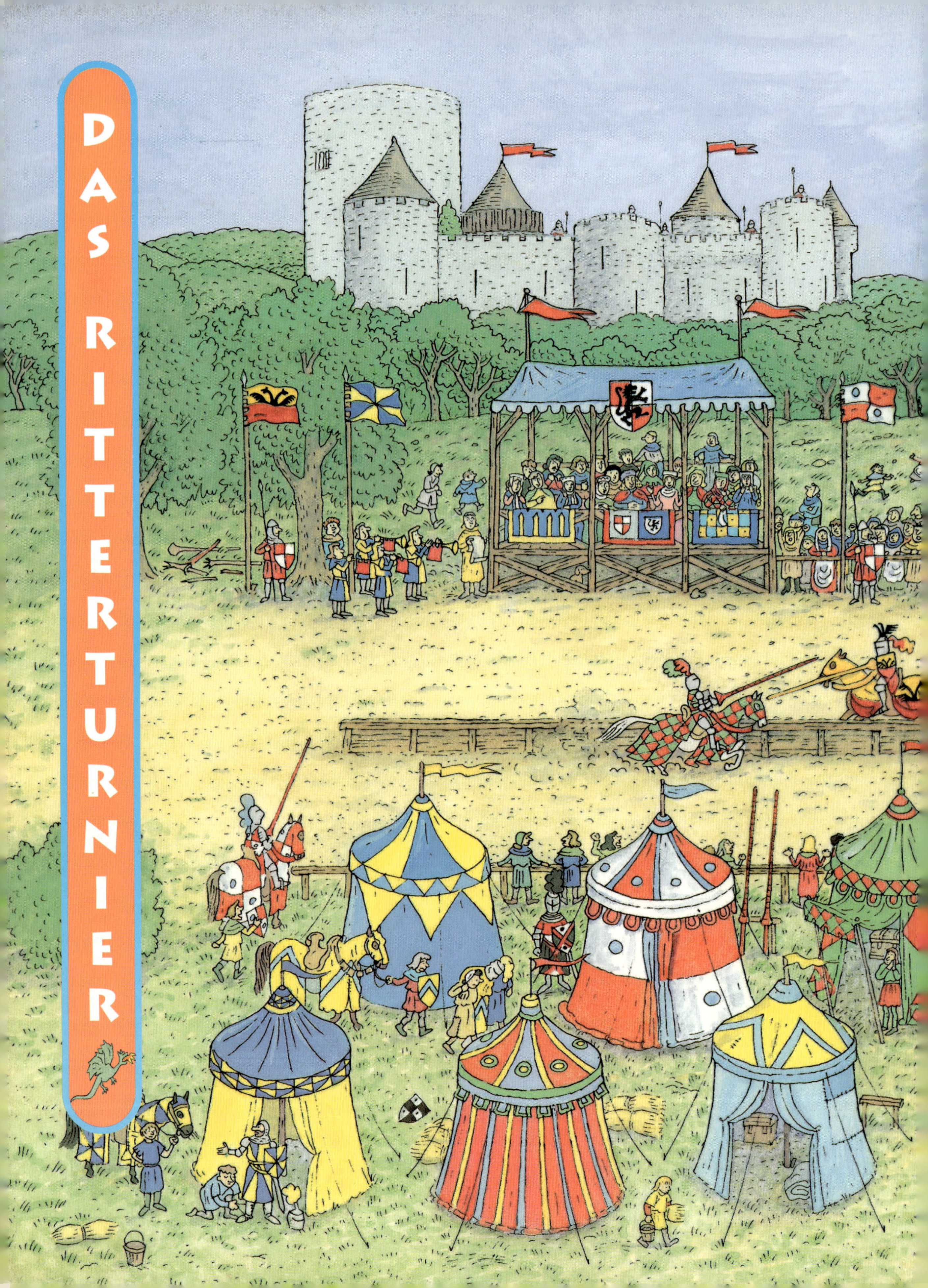
DAS RITTERTURNIER

In Friedenszeiten veranstaltet der Burgherr gerne Wettkämpfe zwischen seinen Rittern. Die Soldaten kommen auf ihren schönen Pferden in Begleitung ihrer Knappen zum Turnier.
Der Wettkampf findet auf einem großen Platz, dem Turnierplatz, statt.

Finde zu jedem Ritter das passende Zelt, sein Pferd und seinen Schild. Welches Zelt hat keinen Besitzer? Und welcher Ritter hat weder Zelt noch Pferd?

Ein Ritter ist in Begleitung seiner Dame gekommen. Sie sitzt auf der Tribüne. Findest du sie?

Das Turnier wird von Wachen bewacht. Welche der Wachen hat eine andere Lanze als die anderen?

Unter den Zuschauern sind vier Brüder. Sie sehen sich sehr ähnlich. Wo sind sie?

Welche Fahne ist zerrissen?

Suche:
den verletzten Ritter,
den Knappen, der stolpert,
den Knappen, der den Pferden Futter und Wasser bringt,
die zwei spielenden Kinder,
die zerbrochenen Lanzen,
alle Wassereimer für die Pferde,
den Zuschauer, der sich etwas zu trinken holt,
und den kleinen Hund.

Wo hängt das Burgwappen?

DAS RITTERTURNIER

Einer der Turnierwettkämpfe ist das Lanzenstechen. Zwei Ritter reiten im Galopp mit einer Lanze in der Hand aufeinander zu. Wird ein Reiter vom Pferd gestoßen, erklingen die Trompeten, und die Gegner kämpfen auf dem Boden mit dem Schwert weiter. Der Turniersieger bekommt eine Belohnung von einer Edeldame und am Abend wird ein großes Burgfest gefeiert!

Beim Lanzenstechen kämpfen die Ritter mit einer Lanze. Das ist eine lange Holzstange, die bei einem harten Aufprall entzweibrechen kann.

Die Ritter tragen verschiedene Symbole auf ihrer Satteldecke und ihrem Schild. So kann man sie besser voneinander unterscheiden.

Der Herold kündigt die Ankunft eines Ritters beim Turnier an. Er erkennt die Ritter an ihrem Wappen.

Der Knappe kümmert sich um die Ausrüstung und die Waffen seines Herrn. Dafür bringt ihm dieser bei, wie man kämpft. Mit 18 Jahren kann der Knappe zum Ritter werden. Man nennt diese Zeremonie den Ritterschlag.

Die Ritter tragen eine schwere Ritterrüstung. Auf ihrem Kopf tragen sie einen Eisenhelm mit einem Visier, das man herunterklappen kann.

Eine Holzbarriere trennt die gegnerischen Pferde.

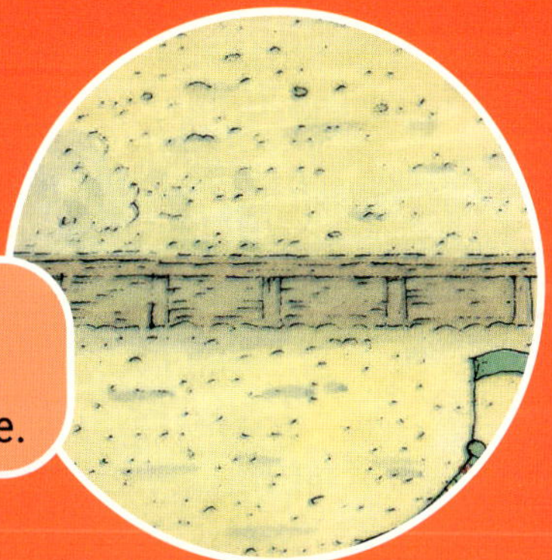

DAS BURGFEST

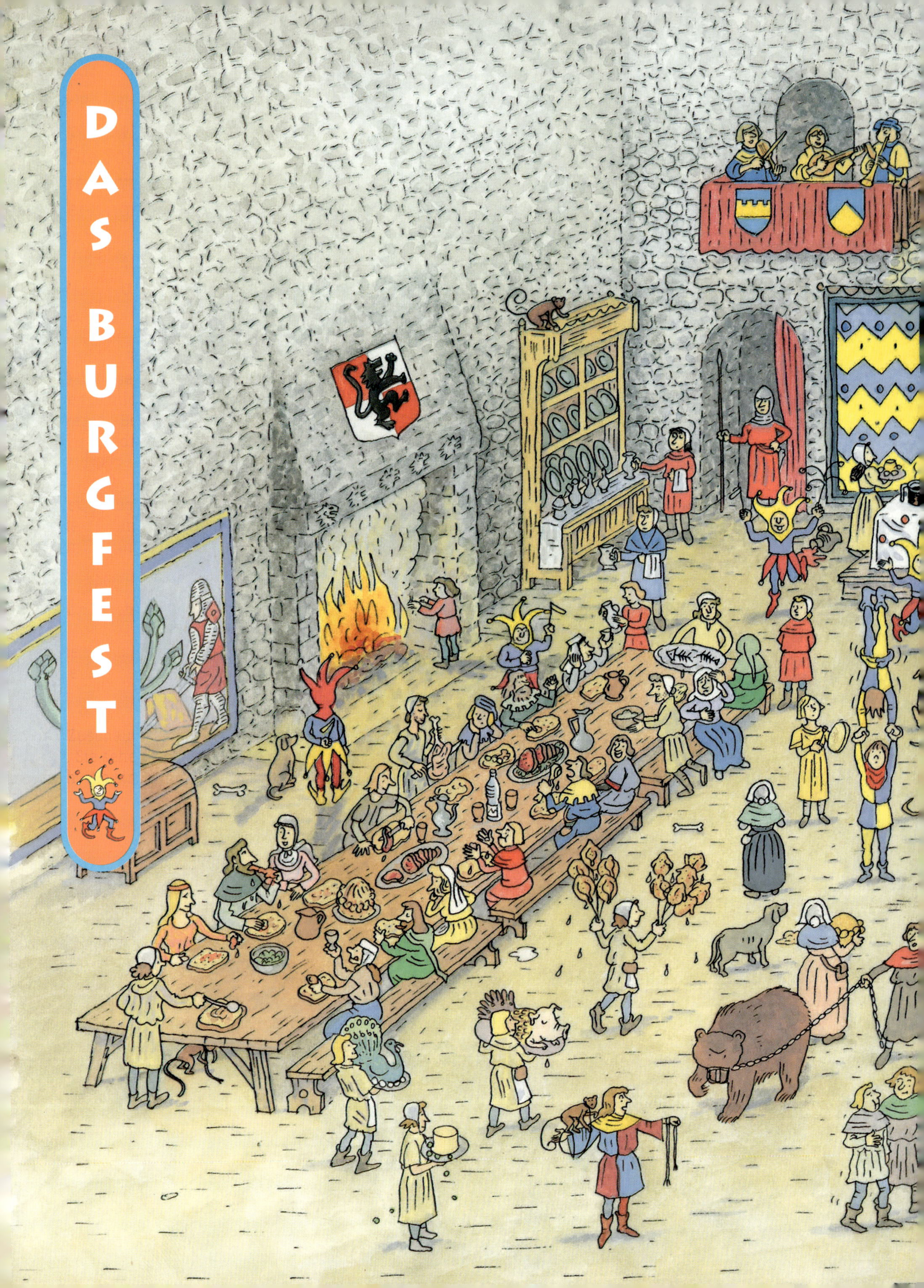

Im Mittelalter gehörte zu jedem großen Fest auch ein Festessen. Im Burgsaal bauen die Diener Tische aus Holzbänken und langen Brettern auf. Auf dem Tisch des Burgherrn liegt eine Tischdecke. Das Essen wird aus der Küche hereingebracht. Es gibt Pasteten, Fisch und Braten. Die Speisen werden auf Brotscheiben serviert. Gabeln gibt es keine. Man isst mit den Fingern!

Zwei Hofnarren jonglieren mit Bällen. Finde die sechs Unterschiede.

Alle Narren tragen eine Narrenkappe auf dem Kopf. Welcher Narr hat eine andersfarbige Kappe?

Sitzen gleich viele Frauen an den beiden großen Tischen?

Auf jedem Tisch befindet sich ein Gegenstand, den es im Mittelalter noch nicht gab. Findest du ihn?

Wie viele Hunde sind auf dem Fest?

Welche beiden Speisen sehen genau gleich aus?

Suche:
alle Musiker,
die beiden Musiker, die genau gleich aussehen,
das Gericht mit den Fasanenfedern,
den Diener, der zwölf Hähnchen bringt, den umgekippten Krug,
den Affendompteur,
zwei versteckte Affen
und den eingeschlafenen Gast.

Siehst du das Burgwappen?

DAS BURGFEST

Das Festessen dauert viele Stunden! Die Gäste essen, lachen und bewundern die verschiedenen Vorführungen. Jongleure, Tanzbären und dressierte Affen, Hofnarren und Akrobaten zeigen ihre Kunststücke. Minnesänger tragen Gedichte vor, Musiker spielen Harfe, Laute oder Tamburin. Die Gäste singen und tanzen begeistert mit!

Minnesänger sind Dichter, die von Burg zu Burg reisen. Man nennt sie auch Troubadoure.

Auch die fahrenden Sänger ziehen von Burg zu Burg und machen dort Musik.

Vor dem Essen bringen die Diener eine Schüssel mit kaltem Wasser. Darin waschen sich die Gäste die Hände.

Das Geschirr ist aus Zinn oder Ton. Die Küchenutensilien sind aus Holz.

Nur die Suppe wird in einer Schüssel serviert. Für andere Speisen dient das so genannte Tranchierbrot als Teller. Es wird extra dafür gebacken. Nach dem Essen bekommen die Armen oder die Hunde die Brotscheiben.

Die Hofnarren bringen die Leute zum Lachen.

IN DER STADT

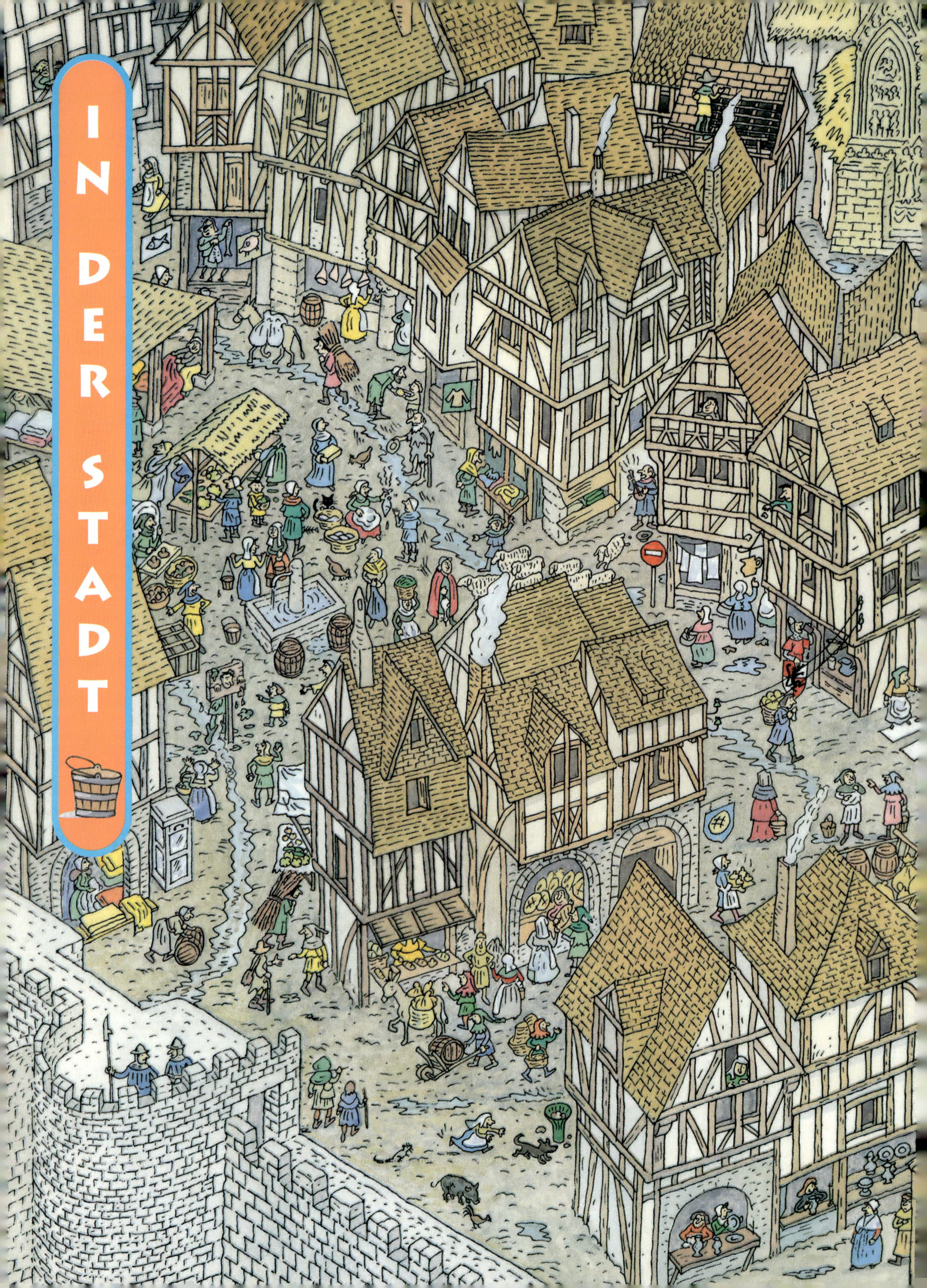

Die Straßen in den Städten sind im Mittelalter sehr eng und voller Schlamm und Schmutz. Die Bewohner werfen ihren Müll einfach aus dem Fenster. Deshalb stinkt es fürchterlich! Es gibt nur wenig Wasser, und man muss sich schon am frühen Morgen beim Brunnen anstellen, um seinen Krug oder Eimer mit Wasser zu füllen. Die Stadt ist von einer hohen Mauer umgeben. Schildwachen halten auf der Stadtmauer Wache und nachts werden die Tore der Stadt geschlossen.

Auf den Straßen herrscht ein großes Durcheinander. Insgesamt zehn Tierarten bevölkern die Stadt. Findest du sie?

Welche beiden Häuser haben die gleiche Fassade?

Wie viele Fässer findest du in der Stadt?

Finde die sechs Gegenstände, die es im Mittelalter noch nicht gab.

Wie viele verschiedene Schilder gibt es? Zu welchem Handwerker oder Händler gehören sie?

Suche den Burgherrn auf seinem Pferd. Wo ist der Ritter, der ihn in die Stadt begleitet hat?

Suche:
den Tanzbären, die beiden Bewohner, die ihren Eimer mit schmutzigem Wasser aus dem Fenster schütten, die Frau, die einem Hund hinterherläuft, die drei Personen, die Reisigbündel tragen, den zerlumpten Bettler, den Musiker und das Kind, das die Zunge herausstreckt.

Und wo ist das Burgwappen?

IN DER STADT

Die Handwerker und Händler schließen sich zu Berufsgruppen zusammen. Sie richten in ihren Häusern einfache Läden ein.
Die Häuser sind oft aus Holz und Strohlehm gebaut. Sie fangen sehr schnell an zu brennen! Die Fenster haben keine Glasscheiben und werden mit Holzläden geschlossen. In den Häusern gibt es kein Badezimmer und keine Toilette. Es gibt auch kein elektrisches Licht, sondern nur Kerzenlicht!

Diebe werden zur Strafe an den Pranger gestellt. Die Passanten machen sich über sie lustig und bewerfen sie mit Abfällen.

Die meisten Menschen können nicht lesen und schreiben. Deshalb hängen an den Geschäften Schilder, auf denen man sieht, was verkauft wird.

Es gibt keine Abwasserkanäle. Das schmutzige Wasser fließt einfach auf der Straße.

Im Mittelalter werden viele Kathedralen gebaut. Der Bau dauert mehrere Jahrzehnte!

Es gibt sogar schon eine überdachte Markthalle. Hier kann man viele verschiedene Waren kaufen.

Die Haustiere laufen frei auf der Straße herum.

LÖSUNGEN

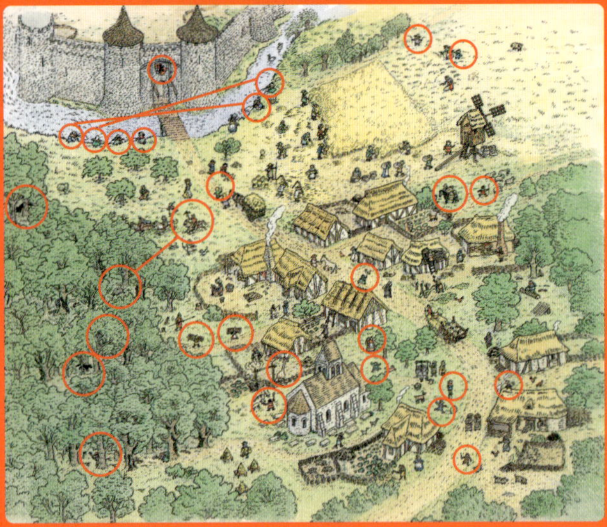

VOR DER BURG

Ja (zwei Räuber und zwei Wölfe) – siehe Abbildung – siehe Abbildung – Affe / Zebra / Giraffe – siehe Abbildung

IN DER BURG

Elf Soldaten – siehe Abbildung – siehe Abbildung – siehe Abbildung – siehe Abbildung – siehe Abbildung

DER ANGRIFF

Zwei Militärsoldaten / ein Astronaut / ein Motorradfahrer / ein Feuerwehrmann – Auf der Leiter mit Rädern – sieben Ritter – siehe Abbildung – siehe Abbildung (neun Kugeln) – A = orange / D = gelb

DAS RITTERTURNIER

Siehe Abbildung / Zelt H / siehe Abbildung – siehe Abbildung – zweiter von rechts – siehe Abbildung – dritte Fahne von rechts

DAS BURGFEST

Anzahl der Bälle / rechter Schuh / Schellenkleid / rechter Ärmel / Narrenkappe / Schellen – rote Narrenkappe – nein (rechter Tisch = 5, linker Tisch = 6) – Schnellkochtopf / Plastikflasche / Kaffeekanne – sieben Hunde – siehe Abbildung

IN DER STADT

Ratte / Hund / Schwein / Schaf / Esel / Pferd / Ochse / Henne und Hahn / Katze / Bär – siehe Abbildung – neun Fässer – Telefonzelle / Einbahnstraßenschild / Satellitenschüssel / Zebrastreifen / Stromkabel / Papierkorb – neun Schilder: Fischhändler / Metzger / Textilhändler / Taverne / Schuhmacher / Holzschuhmacher / Weber / Töpfer / Bäcker – siehe Abbildung

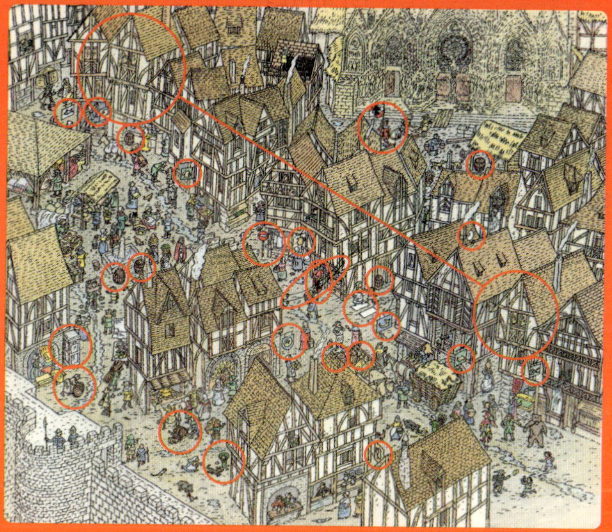